Les beaux soirs d'une toute petite fille

Texte français d'Olivier Séchan
Illustrations de Pierre Dessons

Le présent recueil
est constitué d'histoires précédemment publiées
dans la première édition de :

LA MAISON D'UNE TOUTE PETITE FILLE

Hachette, 79, boulevard Saint-Germain, 75006 Paris

Chapitre 1

Mili-Mali-Malou va au concert

Un beau jour, on décida que Mili-Mali-Malou pourrait assister à un concert pour grandes personnes, en compagnie de Papa et Maman, Bon-Papa et Bonne-Maman, Tonton et Tantine. (Tout le monde avait pris ses billets.)

Ce concert devait avoir lieu dans la salle des fêtes du village, à neuf heures du soir, et ne finirait pas avant onze heures. Mili-Mali-Malou était ravie d'y aller et de veiller si tard. Mais c'est que ce n'était pas un de ces concerts ordinaires, où des gens que vous n'avez jamais vus viennent chanter et faire de la musique sur une scène.

Non! c'était un concert d'un intérêt vraiment extraordinaire, car Tantine devait jouer du piano; la jeune fille qui aidait Mme Hubin à la boulangerie devait chanter; et l'orchestre était formé de personnes que Mili-Mali-Malou connaissait de vue. C'était donc passionnant!

Tantine portait sur ses épaules sa nouvelle écharpe de soie mauve; elle étrennait le chapeau qu'elle s'était fait tout récemment, et elle avait parfumé son mouchoir avec l'eau de Cologne que Mili-Mali-Malou lui avait offerte pour le dernier Noël. Mili-Mali-Malou était très fière qu'elle s'en servît en cette grande occasion. (Et Tantine en avait aussi mis une goutte sur le mouchoir de Mili-Mali-Malou.)

Quand tout le monde fut prêt, on dit au revoir à Toby le chien et à Miny le chat, puis on partit pour le village : Papa et Maman, Bon-Papa et Bonne-Maman, Tonton, Tantine et Mili-Mali-Malou. Et on

faillit bien oublier les billets posés sur la cheminée! Heureusement que Maman s'en souvint juste à temps!

Quelques personnes avaient déjà pris place quand toute la famille entra dans la salle. M. et Mme Hubin et la jeune fille qui les aidait à la boutique étaient assis au premier rang. M. et Mme Blin, ainsi que M. et Mme Mauger (père et mère de la petite-amie-Suzanne) étaient installés derrière eux. (Boby Blin et la petite-amie-Suzanne n'étaient pas là. Comme ils n'avaient pas la chance d'avoir une tante qui devait jouer du piano, on n'avait pas jugé utile de les faire veiller tard!)

La scène était ornée de plantes vertes. Dans un coin se dressait le piano, qui attendait Tantine. Les gens arrivaient, toujours plus nombreux, et bientôt la salle fut pleine. Tout le monde bavardait et feuilletait le programme. Puis on se mit à applaudir, et Mili-Mali-Malou vit des messieurs et des dames monter sur la scène, avec des violons et d'autres instruments. Une dame joua une note sur le piano, et les musiciens commencèrent à tirer des sons discordants de leurs instruments, sans paraître se soucier les uns des autres. (Maman dit qu'ils « s'accordaient ».) Puis tous se mirent à jouer, avec un ensemble parfait.

Mili-Mali-Malou apprécia beaucoup les morceaux de musique et elle applaudit le plus fort possible. Ensuite, quand l'orchestre eut quitté la scène, des personnes vinrent chanter, en solo ou en chœur ; d'autres jouèrent du piano, puis un monsieur chanta une chan-

son drôle qui fit bien rire Mili-Mali-Malou ainsi que ses voisins.

Mais il tardait à Mili-Mali-Malou que ce fût le tour de Tantine.

Au moment même où elle interrogeait sa mère, à voix basse, pour savoir quand Tantine jouerait, elle entendit un petit bruit bizarre, semblable à celui que produit un chien en marchant sur un plancher. Elle tourna la tête et, dans le fond de la salle, vit des gens qui pouffaient de rire, se baissaient pour regarder par terre et se montraient quelque chose du doigt.

Et soudain, ne voilà-t-il pas qu'elle sentit un museau froid et humide se poser sur sa jambe! Et ne voilà-t-il pas qu'une boule couverte de poils noirs émergea de dessous sa chaise!

C'était tout simplement Toby le chien (entré sans billet!), et il paraissait tout fier d'avoir retrouvé la famille!

Mili-Mali-Malou fut très fâchée contre lui, et Maman aussi. Elle murmura : «Vilain Toby!» tandis que Papa le repoussait sous la chaise et l'obligeait à s'asseoir. Il n'était évidemment pas possible de troubler le concert, en allant tout de suite jeter le chien dehors!

Toby le chien resta donc sous sa

chaise, et il assista au spectacle sans avoir payé sa place. De temps à autre, Mili-Mali-Malou laissait pendre sa main, et Toby le chien la léchait tout en soulevant son arrière-train pour frétiller de la queue. Mais Papa disait : « Chut ! » et Mili-Mali-Malou ramenait la main sur ses genoux, tandis que Toby le chien se rasseyait sagement. Mais tous deux étaient quand même bien contents d'être l'un près de l'autre.

Enfin le grand moment arriva. La jeune fille qui aidait Mme Hubin allait maintenant chanter, accompagnée au piano par Tantine. En se levant, tout émue, la jeune fille fit tomber son sac ; de son côté, Tantine laissa choir sa musique (ce qui fit sursauter Toby le chien). Mais toutes deux ramassèrent en hâte sac et musique, puis montèrent sur la scène.

Et devinez-vous qui les accompagna ?

Non ? Toby le chien ! Comme si Tantine lui avait dit de la suivre !

Tout le monde se mit à rire, et, d'un geste, Tantine ordonna à Toby le chien de quitter la scène. Mais il ne parut pas comprendre, et il alla se placer derrière le piano d'où il ne voulut plus bouger.

Tantine et la jeune fille durent donc jouer et chanter dans ces conditions. De temps à autre, Toby le chien laissait apparaître le bout de son nez derrière le piano, et les gens essayaient de ne pas faire attention à lui, car ils avaient peur d'éclater de rire.

Malgré tout, Tantine joua fort bien, et la jeune fille chanta à ravir. Quand la mélodie fut terminée, Mili-Mali-Malou applaudit très fort, comme les autres spectateurs. On

applaudit même si fort que Toby le chien laissa échapper un jappement de surprise, ce qui déclencha de nouveaux rires.

On fit alors une autre tentative pour décider Toby le chien à quitter la scène, mais il s'y refusa.

Alors Papa dit :

« Mili-Mali-Malou, vas-y toi-même, et tâche de l'attraper. »

Mili-Mali-Malou se leva donc de sa place. Elle se glissa le long des genoux des spectateurs et, sous les yeux de la salle entière, elle gravit les marches qui conduisaient à la scène.

Elle passa la tête derrière le piano en disant : « Toby, viens ici ! » Et Toby le chien avança le nez pour renifler sa main, ce qui permit à Mili-Mali-Malou de l'attraper par son collier et de le tirer de là.

Elle traversa la scène avec Toby

le chien dans ses bras. Tout le monde riait, et il y eut même quelqu'un (je crois que c'était le forgeron) qui s'amusa à crier : « Bravo! Bis! » et applaudit.

Rouge de confusion, Mili-Mali-Malou se hâta de descendre l'escalier, portant toujours Toby le chien qui lui léchait la joue et les cheveux.

Comme le concert était presque terminé, Mili-Mali-Malou ne retourna pas à sa place, mais resta debout dans le fond de la salle, sans lâcher Toby le chien. Bientôt les spectateurs se pressèrent vers la sortie. Beaucoup d'entre eux firent un sourire à Mili-Mali-Malou et à Toby le chien qui, près de la porte, attendaient Papa, Maman, Bon-Papa et Bonne-Maman, Tonton et Tantine.

M. Jacquot, le facteur, passa avec sa femme.

« Tiens ! tiens ! dit-il. Je ne m'attendais pas à vous voir devenir si vite une vedette, mademoiselle ! »

Et Mili-Mali-Malou rit avec M. Jacquot.

Puis M. Rugis, le forgeron, passa devant elle, et lui dit d'un air très sérieux :

« Toby et toi, vous nous avez offert un excellent spectacle. Si je l'avais su à l'avance, je vous aurais envoyé un bouquet à chacun de vous!»

Mili-Mali-Malou aimait bien le forgeron qui était un homme très gentil.

«Quelle histoire! soupira Tantine, alors qu'ils s'en retournaient chez eux, dans la nuit. En tout cas, si nous avions pu deviner que Toby allait monter sur scène ce soir, nous aurions bien dû lui donner un bain et lui offrir un collier neuf!»

Chapitre 2

Mili-Mali-Malou se fait photographier

Un beau jour, comme Mili-Mali-Malou était descendue au village avec une liste de commissions que Maman l'envoyait faire à l'épicerie, elle vit quelque chose de curieux dans la vitrine de M. Salé, l'épicier.

C'était une pancarte, sur laquelle on avait fixé plusieurs photographies. Au-dessous, une inscription annonçait qu'un certain M. Maloire était là pour une semaine seulement, et exécutait d'excellentes photos artistiques à des prix très modérés.

Quand Mili-Mali-Malou entra dans la boutique (où régnait toujours une odeur bien caractéristique de jambon fumé et de poivre), elle regarda tout autour d'elle en se demandant où était ce monsieur Maloire, et à quoi ressemblait son appareil.

Elle pensa que le photographe devait se trouver dans l'arrière-boutique, car on avait mis un écriteau sur la porte, bien qu'il fît trop sombre pour qu'on pût le déchiffrer ; par la porte légèrement entrebâillée, elle pouvait d'ailleurs voir le coin d'une sorte de grand drap accroché au mur, et sur lequel étaient peintes des touffes de joncs gris.

Pendant que M. Salé prenait sa commande (elle devait rapporter tout de suite les raisins secs et la levure dont sa mère avait besoin, mais M. Salé ferait livrer plus tard les autres commissions, trop lourdes pour elle), Mili-Mali-Malou gardait l'œil fixé sur la porte de l'arrière-boutique. Soudain elle s'ouvrit. Un jeune homme au visage plutôt congestionné (il venait de se faire photographier) se précipita hors de la boutique, tandis qu'un autre homme, à la fine moustache et aux cheveux divisés au milieu par une raie, s'arrêtait sur le seuil et disait : « Au revoir, monsieur. »

Mili-Mali-Malou devina que l'homme à la moustache était M. Maloire en personne, mais elle n'osa trop le dévisager.

« Bonjour, mademoiselle, lui dit M. Maloire. Vous désirez peut-être vous faire photographier ? »

Mili-Mali-Malou répondit : « Non, merci, monsieur », mais elle accepta quand même le prospectus qu'il lui tendait. Et tandis qu'elle s'en retournait sur la route blanche bordée de haies, elle le lut d'un bout à l'autre.

Et elle apprit ainsi que, pour une personne seule, chaque photographie, artistiquement montée, coûtait trois francs. (Pour un groupe c'était plus cher.) Or, Mili-Mali-Malou avait exactement trois francs dans sa tirelire, ce qui était une amusante coïncidence. Elle avait justement compté son argent la veille, tout en petites pièces.

Quand Mili-Mali-Malou rentra chez elle, dans la jolie maison blanche au toit de chaume, elle faillit remettre le prospectus à Maman, en même temps que la levure et les raisins secs. Mais soudain elle décida de n'en rien faire, car elle avait une idée. Une idée vraiment splendide ! Mili-Mali-Malou se demanda même si elle pourrait réaliser cette idée, tant elle était merveilleuse !

Voilà ce qu'elle s'était dit : elle se ferait photographier, toute seule, sans en parler à personne, et elle offrirait la photo à Maman, pour lui faire une surprise.

L'après-midi même, Mili-Mali-Malou monta en cachette dans sa petite chambre. Elle se recoiffa, mit son chapeau, remonta ses socquettes, se lava les mains et la figure, puis elle retira l'argent de sa tirelire. Et elle était en train de redescendre aussi doucement qu'elle était montée quand Tantine appela :

« Mili-Mali-Malou ! Tonton me mène en carriole à la ville pour y faire quelques courses. Veux-tu nous accompagner ? »

Mili-Mali-Malou n'osa pas refuser. On aurait pu s'en étonner, car d'habitude elle aimait beaucoup aller en ville avec la carriole pour y voir les magasins et toutes sortes de choses. Elle dut donc remettre au lendemain sa visite au photographe.

Le jour suivant, Mili-Mali-Malou fit de nouveau un brin de toilette, et elle s'arrêta un instant sur le seuil, avant de quitter la maison, afin d'être bien certaine que personne n'allait l'appeler ou lui demander pourquoi elle sortait.

Mais à l'entrée du village, voilà qu'elle rencontra Gigi, la nièce de Mlle Mouton. Et la Gigi de Mlle Mouton lui dit :

« Bonjour, Mili-Mali-Malou ! Où vas-tu ? »

Comme Mili-Mali-Malou ne voulait pas confier son secret à la Gigi de Mlle Mouton, elle fut obligée de rester là, pour bavarder un moment avec elle. Mais la Gigi de Mlle Mouton la retint si longtemps que, finalement, Mili-Mali-Malou dut s'en retourner chez elle, avec son argent dans la main.

Le lendemain, Bonne-Maman demanda à Mili-Mali-Malou d'aller lui acheter de la laine à la mercerie de Mlle Mouton, et Mili-Mali-Malou pensa qu'elle pourrait peut-être s'arranger pour se faire photographier par la même occasion. Elle fit donc sa toilette avec soin et sortit.

Mais comme elle passait devant la maison des Mauger, la petite-amie-Suzanne surgit de derrière le mur et dit :

« Bonjour, Mili-Mali-Malou. Où vas-tu ? Attends-moi ! »

Et elles partirent donc toutes deux ensemble.

Quand Mili-Mali-Malou eut acheté la laine dans la mercerie de Mlle Mouton, elle dit :

« Il vaudrait mieux que tu ne m'attendes pas, Suzanne, parce que je dois encore aller chez l'épicier. »

Mais la petite-amie-Suzanne répliqua :

« Oh ! ça ne m'ennuie pas d'attendre. Ce ne sera pas long, n'est-ce pas ? »

Mili-Mali-Malou réfléchit un instant. Après tout, la petite-amie-Suzanne était « sa meilleure amie ». Elle lui dit donc à voix basse :

« Suzanne, si tu me promets de ne le répéter à personne, je vais te confier un grand secret ! Je vais faire faire ma photographie pour

Maman. Mais ne le répète à personne, Suzanne!»

La petite-amie-Suzanne promit solennellement de ne le dire à personne, et elle attendit patiemment, tandis que Mili-Mali-Malou entrait dans l'épicerie de M. Salé, tenant son argent bien serré dans sa main.

M. Maloire lui dit que, par chance, il était libre à ce moment même, et il la fit aussitôt entrer dans l'arrière-boutique, où était suspendu le drap avec des joncs peints. Mili-Mali-Malou lui remit sa poignée de sous, car elle avait trop peur de les laisser tomber pendant qu'on la photographierait.

Puis M. Maloire la plaça auprès d'une petite table, devant le décor de joncs, il prit des fleurs dans un vase et les lui donna à tenir. (Cela ne plut pas beaucoup à Mili-Mali-

Malou, car les tiges étaient toutes mouillées!)

Après quoi, M. Maloire fourra sa tête sous un drap noir et manœuvra les longues pattes de son appareil.

« Pourriez-vous essayer de sourire, rien qu'un petit peu? » demanda-t-il.

Mais Mili-Mali-Malou se sentit incapable de sourire, car elle était

très impressionnée par toute cette cérémonie. Et M. Maloire la photographia donc telle qu'elle était.

Puis il lui reprit les fleurs des mains. Il lui dit que la photographie serait prête le lendemain matin, si elle voulait bien venir la chercher, et il la raccompagna jusqu'à la porte. Et Mili-Mali-Malou fut bien contente de retrouver la petite-amie-Suzanne qui l'attendait dehors.

Le lendemain, après le petit déjeuner, Mili-Mali-Malou dit à Maman :

« Maman! aimerais-tu avoir une agréable surprise, aujourd'hui?

— J'aime toujours les surprises agréables, répondit Maman.

— Eh bien, dit Mili-Mali-Malou, je crois... je n'en suis pas sûre, mais je crois... que tu auras aujourd'hui une surprise très, très agréable. »

Et Maman parut ravie.

Quand Mili-Mali-Malou descendit au village, il était encore trop tôt, et la photographie n'était pas prête. Mais M. Maloire promit qu'elle le serait dans l'après-midi.

Au cours du déjeuner, Maman demanda à Mili-Mali-Malou :

« Eh bien ? Et cette surprise ? Je brûle d'impatience de la connaître !

— C'est pour très bientôt, répondit Mili-Mali-Malou. Mais je me demande si elle te plaira... »

Maman déclara qu'elle en était certaine d'avance. Quant à Papa, Bon-Papa, Bonne-Maman, Tonton et Tantine, ils manifestèrent tous une grande curiosité.

Dans l'après-midi, M. Maloire lui remit la photographie enveloppée dans un papier, et Mili-Mali-Malou courut presque tout le long du chemin pour revenir chez elle. (Elle s'arrêta tout de même une minute devant la maison des Mauger, pour montrer la photo à la petite-amie-Suzanne qui la trouva très réussie.)

Puis Mili-Mali-Malou pénétra en trombe dans la cuisine, jeta la photo dans le panier à repriser, sur les genoux de Maman, et elle attendit, un peu crispée.

« Oh ! Mili-Mali-Malou ! s'écria Maman. La voilà donc, ta surprise ! »

Elle déplia le papier avec mille précautions, et en retira la photographie collée sur un beau carton aux bords déchiquetés.

Et quand Maman aperçut la photographie, elle s'exclama :

« Quoi ? Mais c'est le portrait de ma petite Mili-Mali-Malou ! Aussi sérieuse qu'un petit hibou ! »

Et Maman et Mili-Mali-Malou se mirent à rire tout en s'embrassant,

tandis que Papa, Bon-Papa, Bonne-Maman, Tonton et Tantine se passaient de main en main la photographie pour la regarder.

Puis Maman la réclama et alla la placer sur la cheminée, où tout le monde put l'admirer.

Maman paraissait vraiment ravie par cette surprise, et pourtant elle ne pouvait se retenir de rire, chaque fois qu'elle regardait la photographie. Et comme Mili-Mali-Malou s'en étonnait, elle lui dit que, si elle riait ainsi, c'était uniquement parce qu'elle était très très contente.

Chapitre 3

Mili-Mali-Malou va au cinéma

Un beau jour, Mili-Mali-Malou fut toute surprise d'apprendre qu'on donnait une séance de cinéma, tous les samedis soir, au village voisin. (La personne qui le lui apprit fut la jeune fille qui aidait Mme Hubin à la boulangerie.)

Quand elle fut rentrée chez elle, dans la jolie maison blanche au toit de chaume, Mili-Mali-Malou s'empressa d'annoncer cette nouvelle à Papa, Maman, Bon-Papa et Bonne-Maman, Tonton et Tantine. Et ceux-ci furent d'avis qu'ils pourraient peut-être s'offrir une sortie, un samedi soir (avec Mili-Mali-Malou, naturellement!) et se rendre au spectacle avec le gros car rouge qui circulait entre leur village et le village voisin.

Un samedi soir, donc, de bonne heure, ils se préparèrent, puis descendirent au village, se dirigeant vers le carrefour où le car rouge s'arrêtait régulièrement.

Lorsqu'ils passèrent devant la maison des Mauger, ils virent la petite-amie-Suzanne sur sa balançoire, et Mili-Mali-Malou lui fit un signe de main tout en criant :

« Bonsoir, Suzanne! Nous allons au cinéma avec le car! »

La petite-amie-Suzanne agita elle aussi la main et répondit :

« Nous, nous irons samedi prochain ! »

Et Mili-Mali-Malou en fut très contente pour la petite-amie-Suzanne.

Quand ils passèrent devant le magasin de grains de M. Blin, Boby Blin était en train de se fabriquer une trottinette, dans le petit jardin sur le côté de la maison. Mili-Mali-Malou agita la main et lui cria :

« Bonsoir, Boby! Nous allons au cinéma avec le car! »

Boby Blin tourna la tête et répondit avec un large sourire :

« Moi, j'y suis allé samedi dernier! »

Et Mili-Mali-Malou en fut très contente pour Boby Blin.

Quand ils arrivèrent au carrefour, le car rouge était en vue, et Mili-Mali-Malou se mit à danser de joie, parce que tout cela était vraiment passionnant.

Puis le car rouge approcha, s'immobilisa, et tout le monde se pressa devant le marchepied : Papa, Maman, Bon-Papa et Bonne-Maman, Tonton et Tantine, et Mili-Mali-Malou.

Mais le chauffeur étendit la main et cria d'une voix forte :

« Deux places seulement! »

Ils durent donc décider au plus

vite qui irait. Tonton et Tantine voulaient que ce fussent Bon-Papa et Bonne-Maman ; ceux-ci voulaient laisser les places à Papa et Maman ; et Papa et Maman disaient qu'ils n'iraient pas au spectacle si les autres ne pouvaient venir avec eux.

Enfin, Bon-Papa, Bonne-Maman, Tonton et Tantine dirent :

« Mili-Mali-Malou serait très déçue si elle n'allait pas au cinéma. Prenez-la avec vous, Papa et Maman, et elle s'assiéra sur vos genoux.

— Dépêchez-vous, s'il vous plaît ! » cria le chauffeur (mais d'une voix très gentille).

Alors Papa et Maman, avec Mili-Mali-Malou, se hâtèrent de monter dans le car rouge, ils passèrent devant les autres voyageurs et se glissèrent aux deux places libres.

Et Mili-Mali-Malou, debout entre

les genoux de Papa tandis qu'il cherchait l'argent dans sa poche, observa Bon-Papa, Bonne-Maman, Tonton et Tantine qui devenaient de plus en plus petits à mesure que le car s'éloignait. Puis ils disparurent.

Et Mili-Mali-Malou se sentit très peinée qu'ils ne puissent venir eux aussi au cinéma.

« Allons! lui dit Maman. Tâchons de bien nous amuser quand même! Sinon Bon-Papa, Bonne-Maman, Tonton et Tantine seront très déçus, parce qu'ils ont voulu que nous passions une bonne soirée. »

Alors Mili-Mali-Malou retrouva son entrain, et se mit à regarder par la portière, ou à observer les autres voyageurs du car. Elle vit M. Rugis, le forgeron, assis à l'autre bout. Il lui fit un petit sourire malicieux, et elle le lui rendit, mais le moteur du car faisait un tel vacarme qu'ils ne purent se parler.

Bientôt, ils arrivèrent au village voisin et descendirent.

Devant la salle de spectacle, il y avait de magnifiques affiches en couleurs, et Mili-Mali-Malou aurait bien aimé que Bon-Papa, Bonne-Maman, Tonton et Tantine puissent les voir. Mais elle se promit de faire bien attention, de ne rien oublier, afin de tout leur raconter

une fois qu'elle serait rentrée à la maison.

Les films lui plurent beaucoup. Il y avait un très gentil monsieur qui sauvait une dame juste à la dernière minute (Mili-Mali-Malou avait d'ailleurs deviné qu'il la sauverait!); on voyait aussi un drôle de petit homme qui courait comme un fou et dégringolait dans une caisse à ordures; puis il y avait encore de belles photos d'une île du Pacifique, avec des hommes tout bruns qui faisaient la course en pirogue, et des femmes couronnées de fleurs qui dansaient...

Soudain le projecteur tomba en panne, et l'on dut rallumer dans la salle pendant qu'on réparait. Mili-Mali-Malou se mit debout pour regarder autour d'elle, et aperçut le forgeron; elle vit aussi, de l'autre côté, une dame qui ressemblait terriblement à Tantine (sauf qu'elle avait un petit garçon avec elle), et quelqu'un qu'on aurait facilement pu prendre pour Bon-Papa. Puis les lumières s'éteignirent et le film continua jusqu'à la fin.

Quand tout fut terminé, Mili-Mali-Malou eut un instant de tristesse : si seulement Bon-Papa, Bonne-Maman, Tonton et Tantine avaient pu être là, son bonheur aurait été complet.

En se dirigeant vers la sortie, ils se trouvèrent tout près de la dame qui ressemblait à Tantine. Vue de dos, elle lui ressemblait vraiment beaucoup!

Et soudain, Mili-Mali-Malou entendit Papa et Maman pousser une exclamation de surprise et se mettre à parler avec quelqu'un. Elle regarda de leur côté et aperçut Tonton! Bon-Papa et Bonne-

Maman étaient juste derrière lui. Puis la dame qui ressemblait à Tantine se retourna... et c'était Tantine en personne! (Elle n'était pas avec le petit garçon qui appartenait à quelqu'un d'autre.)

Bon-Papa, Bonne-Maman, Tonton et Tantine leur expliquèrent alors ce qui était arrivé : la dame qui habitait la Grande Maison à la grille verte, près du carrefour, était sortie de chez elle en voiture pour mener sa petite fille au cinéma. La dame les avait vus au carrefour, tandis qu'ils regardaient s'éloigner le car rouge, et elle leur avait offert de les prendre. Ils avaient fait ainsi un agréable voyage et étaient arrivés à temps pour ne rien manquer du spectacle.

Et quand ils sortirent dans la rue, ils aperçurent la voiture rangée le long du trottoir. La dame qui habitait la Grande Maison s'avança vers eux et leur dit en souriant :

« J'ai quatre places pour le retour, si vous n'avez pas peur d'être un peu serrés. »

Et sa petite fille murmura :

« Il y aura aussi une place pour Mili-Mali-Malou, n'est-ce pas ? »

Papa, Maman, Bon-Papa et Bonne-Maman s'installèrent alors dans l'auto, et la petite fille ainsi que Mili-Mali-Malou prirent place sur leurs genoux. (Tonton et Tantine rentrèrent par le car.)

Ils regagnèrent donc la maison de la façon la plus agréable du monde, dans cette auto qui filait comme le vent et sans le moindre bruit. Mili-Mali-Malou regretta seulement que le trajet ne fût pas deux fois plus long.

En fin de compte, ç'avait été une chance qu'il n'y ait eu, à l'aller, que deux places libres dans le car!

Chapitre 4

Mili-Mali-Malou fait un pique-nique

Une fois, par un beau matin, Mili-Mali-Malou rencontra la petite-amie-Suzanne. (Elle était en train de manger des baies d'aubépine qu'elle cueillait dans la haie qui bordait la route.)

« Bonjour, Suzanne ! » dit Mili-Mali-Malou (en mangeant elle aussi une baie d'aubépine, pour faire comme son amie).

«Bonjour, Mili-Mali-Malou! répondit la petite-amie-Suzanne. Devine un peu ce que je vais faire aujourd'hui! Je vais aller prendre mon déjeuner dehors, parce que Maman a beaucoup de travail. Regarde mes poches!»

Mili-Mali-Malou regarda les poches de la petite-amie-Suzanne : il y avait dans l'une un paquet de tartines beurrées, dans l'autre un œuf dur et une pomme. Mili-Mali-Malou se sentit aussitôt en appétit.

«Pourquoi n'irais-tu pas voir si ta Maman a beaucoup de travail? lui dit la petite-amie-Suzanne. Elle aimerait peut-être que tu ailles prendre ton déjeuner dehors, toi aussi?»

Alors Mili-Mali-Malou fit un petit saut de joie, puis elle courut jusqu'à la jolie maison blanche au toit de chaume et interrogea sa mère.

Maman regarda Mili-Mali-Malou en réfléchissant, puis elle dit :

« Eh bien, oui. Je vais essayer d'être trop occupée pour pouvoir te faire déjeuner convenablement aujourd'hui. »

Et Mili-Mali-Malou fit un autre petit saut, tant elle était ravie.

Alors Maman lui donna un paquet de tartines beurrées pour mettre dans l'une de ses poches, un œuf dur et une pomme pour mettre dans l'autre ; elle lui dit de prendre son écharpe et lui recommanda de ne pas aller dans des endroits mouillés où elle risquerait de se salir. Après avoir remercié et embrassé Maman, Mili-Mali-Malou courut rejoindre la petite-amie-Suzanne, et toutes deux s'engagèrent sur la route, avec leurs poches gonflées à craquer.

A l'entrée du village, elles rencontrèrent Boby Blin qui s'en venait tout seul, et Mili-Mali-Malou lui dit :

« Bonjour, Boby. Où vas-tu ?

— Je rentre à la maison pour déjeuner », répondit Boby Blin.

Alors Mili-Mali-Malou lui dit :

« Suzanne et moi, nous allons pique-niquer, parce que nos mamans sont très occupées. Regarde nos poches ! »

Boby Blin regarda leurs poches ; il vit les paquets de tartines beurrées dans les unes, les œufs durs et les pommes dans les autres. Il en eut l'eau à la bouche.

« Pourquoi n'irais-tu pas voir si ta maman est très occupée ? lui demanda Mili-Mali-Malou. Elle aimerait peut-être que tu ailles pique-niquer, toi aussi ! »

Boby Blin réfléchit un instant, puis il alla interroger sa mère.

Mme Blin lui permit de sortir, s'il en avait envie, et elle lui donna un paquet de tartines beurrées pour mettre dans une poche, un œuf dur et une pomme pour mettre dans l'autre. Et Boby Blin alla retrouver Mili-Mali-Malou et la petite-amie-Suzanne qui l'attendaient dehors.

« Où comptiez-vous aller ? » leur demanda-t-il.

Mili-Mali-Malou et la petite-amie-Suzanne répondirent ensemble :

« Nous voulions descendre jusqu'au carrefour, puis continuer du côté des bois. »

Boby Blin réfléchit un instant, mais il ne trouva rien de mieux à proposer, et ils se mirent donc tous trois en route, avec leurs poches pleines à craquer.

Quand ils approchèrent du carrefour, ils aperçurent la dame qui habitait la Grande Maison à la grille verte (elle s'appelait Mme Leblanc). Elle était en train de sortir son auto du garage. Sa petite fille (elle s'appelait Catherine) l'attendait près du portail.

Au passage, Mili-Mali-Malou lui fit un sourire, et la petite Catherine lui dit :

« Bonjour, Mili-Mali-Malou ! Maman et moi, nous allons déjeuner à la campagne, parce que notre cuisinière est de sortie. Regarde notre panier !

— Nous aussi, nous allons en pique-nique, répliqua Mili-Mali-Malou. Regarde nos poches ! »

A ce moment, Mme Leblanc arriva auprès d'eux.

« Quoi ? s'écria-t-elle. Nous allons tous déjeuner à la campagne ? Comme c'est amusant ! Aimeriez-vous m'accompagner pour aller pique-niquer aux Coteaux ? »

Comme cela signifiait que l'on ferait le trajet en voiture, Mili-Mali-Malou, la petite-amie-Suzanne et Boby Blin s'empressèrent de répondre oui. Boby Blin ajouta même : « Merci, madame ! » de sorte que Mili-Mali-Malou et la petite-amie-Suzanne ajoutèrent elles aussi : « Merci, madame ! »

Alors Mme Leblanc alla chercher trois gobelets supplémentaires, quelques couvertures, des écharpes et diverses autres choses, puis elle leur dit :

« Allez ! Montez ! »

Ils s'installèrent tous dans la voiture — Catherine, Mili-Mali-Malou et la petite-amie-Suzanne à l'arrière (parce qu'elles voulaient rester ensemble), Boby Blin à l'avant, à côté de Mme Leblanc (parce qu'il voulait la regarder conduire) — et les voilà partis !

Ah ! quelle agréable promenade !

Mili-Mali-Malou n'avait encore jamais voyagé dans une belle auto de tourisme, sauf le soir où Mme Leblanc l'avait ramenée du cinéma avec Papa, Maman, Bon-Papa et Bonne-Maman. Bien sûr, elle avait souvent pris l'autocar rouge. Une fois, aussi, l'homme qui transportait chaque matin les bidons de lait à la gare lui avait fait

faire un petit tour sur son camion, pour l'amuser. Mais cela n'avait rien de comparable!

La voiture de Mme Leblanc filait à toute vitesse, le soleil vous éblouissait, le vent vous frappait au visage (oh! qu'il soufflait fort!), et Mili-Mali-Malou aurait aimé crier de toutes ses forces tant elle était heureuse. Mais évidemment elle ne le faisait pas, et se contentait de bavarder avec Catherine et la petite-amie-Suzanne, parlant des Coteaux, de leurs gâteaux préférés et de toutes sortes d'autres choses. Boby Blin, lui, échangeait de temps à autre quelques mots avec Mme Leblanc, il lui demandait à quoi servait tel ou tel levier, il l'observait quand elle les manipulait, et il aurait bien voulu essayer de conduire lui-même.

Une fois aux Coteaux, ils passèrent le temps d'agréable façon. Ils firent un feu avec du petit bois, pas trop près d'un arbre (car les arbres n'aiment pas avoir leurs feuilles roussies ou leur écorce calcinée), pas trop près non plus des fougères sèches (car les fougères sèches s'embrasent d'un seul coup si l'on n'y prend garde), mais à un endroit bien choisi.

Puis Mme Leblanc leur prépara du cacao dans une casserole, elle

emplit leurs gobelets, et chacun tira ses paquets de provisions. (Mme Leblanc et la petite Catherine avaient elles aussi des tartines beurrées, des œufs durs et des pommes.) Après quoi, Mme Leblanc découpa en grosses tranches un cake aux cerises, et tout le monde l'aida à le manger.

Jamais ils n'avaient fait meilleur repas. Et Mili-Mali-Malou se demandait pourquoi la plupart des gens s'obstinent à déjeuner dans une salle à manger.

Ensuite, ils enterrèrent avec soin coquilles d'œufs et papiers ; ils éteignirent complètement le feu, et, après avoir laissé leur coin bien propre, ils se mirent à emplir de glands et de marrons leurs poches vides. Mais Mili-Mali-Malou ramassa des pommes de pin, parce que Papa, Maman, Bon-Papa et Bonne-Maman, Tonton et Tantine aimaient bien faire un grand feu de pommes de pin. Elle en emplit ses poches, le sac de ses tartines et même son chapeau.

Quand il fut l'heure de rentrer, Mme Leblanc les ramena au village. Et comme Mili-Mali-Malou, la petite-amie-Suzanne et Boby Blin la remerciaient, Mme Leblanc leur dit :

« Il vous faudra tous venir, un de ces soirs, pour jouer avec Catherine. »

La petite Catherine se mit à bondir de joie, parce qu'elle était ravie. Mili-Mali-Malou, la petite-amie-Suzanne et Boby Blin dirent de nouveau : « Merci beaucoup, madame ! » mais ils n'osèrent pas sauter de joie, parce qu'ils sentaient qu'ils ne connaissaient pas encore assez bien Mme Leblanc.

Mais ils dansèrent de joie *intérieurement,* dans leur cœur. (Et après tout, c'est bien le meilleur endroit pour le faire !)

Chapitre 5

Mili-Mali-Malou est enfermée dans sa chambre

Un beau jour, Mili-Mali-Malou se trouva enfermée dans sa petite chambre à coucher (qui avait été auparavant la petite mansarde aux confitures, sous le toit de chaume).

Non, ce n'est pas ce que vous croyez. Elle n'avait pas été vilaine, elle n'avait pas fait de bêtises, et personne ne l'avait enfermée. Mais depuis quelques jours, la serrure de la porte s'était détraquée, de sorte que, à deux ou trois reprises déjà, Mili-Mali-Malou avait dû tourner plusieurs fois de suite la poignée avant de parvenir à ouvrir. Et Maman lui avait alors recommandé de ne plus fermer complètement la porte, en attendant que Papa eût trouvé le temps de la réparer.

Mais un samedi matin, après avoir aidé Maman à ranger la vaisselle du petit déjeuner, Mili-Mali-Malou était montée dans sa chambre pour faire son lit. Miny le chat l'avait suivie.

C'est que Miny le chat aimait beaucoup tenir compagnie à Mili-Mali-Malou, le jour où elle faisait elle-même son lit.

Il avait l'habitude de sauter au

milieu du matelas et de s'y blottir. Alors Mili-Mali-Malou faisait comme si elle ne remarquait pas qu'il était là ; elle bourrait l'oreiller de coups de poing et le projetait sur le chat ; puis elle étalait les draps, les couvertures, et faisait semblant d'essayer d'aplanir la bosse que formait Miny le chat par en dessous. Miny émergeait d'un drap, tout hérissé, et il replongeait sous une autre couverture. (Pour faire le lit dans ces conditions, il fallait parfois un bon bout de temps !)

Ce matin-là, quand Mili-Mali-Malou eut enfin terminé son travail, elle était à bout de souffle, et elle s'appuya à la porte pour respirer un peu, tandis que Miny le chat, assis au milieu du couvre-lit, se mettait à faire sa toilette.

Un peu plus tard, quand Mili-Mali-Malou se fut recoiffée et

qu'elle eut enveloppé Miny le chat dans son chiffon à poussière (pour les redescendre tous deux ainsi), elle s'aperçut qu'elle ne pouvait plus ouvrir la porte. Celle-ci s'était fermée en claquant, lorsque Mili-Mali-Malou s'était appuyée contre elle.

« Allons, bon! dit Mili-Mali-Malou à Miny le chat. Qu'est-ce que nous allons faire maintenant ? »

Elle posa le chat à terre et essaya

de nouveau d'ouvrir la porte. Mais elle n'y parvint pas.

Alors elle appela : « Maman! » Mais Maman était en bas, dans la cuisine, en train de préparer plats à tartes et moules à gâteaux, comme tous les samedis matin.

Alors Mili-Mali-Malou appela : « Tantine! » Mais Tantine était dans le salon où elle faisait un grand époussetage, en prévision du dimanche.

Puis Mili-Mali-Malou appela : « Bonne-Maman! » Mais Bonne-Maman était sortie par la porte de derrière pour jeter des miettes aux oiseaux. Et ceux-ci piaillaient et se bousculaient pour attraper les miettes et les porter à leurs petits qui ouvraient de larges becs dans leurs nids.

« Eh bien, soupira Mili-Mali-Malou en s'adressant à Miny le

chat, j'ai l'impression que nous allons perdre tout notre samedi ici. Quel dommage!»

Elle s'approcha de la fenêtre basse, mais la seule personne qu'elle put apercevoir fut Tonton, petite silhouette lointaine, là-bas, à l'autre bout de la prairie, en train d'arranger quelque chose à son poulailler. Elle savait que Papa s'était rendu au village voisin pour donner des conseils à quelqu'un au sujet d'un jardin. Bon-Papa, lui, était au marché, comme tous les samedis.

«Ah! c'est gai! dit Mili-Mali-Malou à Miny le chat. Si seulement j'avais des pattes de sauterelle, je pourrais sauter en bas... Mais je préfère quand même garder les jambes que j'ai!»

Puis elle se dit que si elle avait une corde assez longue pour atteindre le sol, elle pourrait la faire danser devant les fenêtres du rez-de-chaussée, et attirer ainsi l'attention de quelqu'un.

Elle prit donc la ceinture de sa robe de chambre, y attacha un morceau de ficelle et un long ruban mauve que lui avait donné Tantine. Elle y ajouta la ceinture de sa robe et deux lacets de chaussures. (Miny le chat l'observait d'un air très intéressé.) Puis, à l'extrémité de cette ligne, elle attacha son petit panier jaune, le passa par la fenêtre, et le fit balancer devant la fenêtre de l'arrière-cuisine, au rez-de-chaussée.

Mais comme personne ne venait, Mili-Mali-Malou finit par se lasser. Elle attacha le bout de sa ligne à la poignée de la fenêtre et revint à l'intérieur de la pièce.

« Allons! courage! dit-elle à Miny le chat. C'est tout de même une chance d'avoir une si jolie petite chambre quand on doit y rester enfermé!»

Miny le chat était en train de tourner en rond sur le couvre-lit, puis il s'installa pour faire un petit somme.

Mili-Mali-Malou se souvint alors de son ouvrage au crochet, soigneusement enveloppé dans un mouchoir et rangé dans la petite commode verte. C'était un bonnet destiné au bébé Mauger (la nouvelle petite sœur de la petite-amie-Suzanne). Il était en laine rose pâle, et Mili-Mali-Malou le faisait plutôt grand, parce que Maman pensait que Bébé Mauger aurait pas mal grandi avant que le bonnet fût terminé. (Quant à Mili-Mali-Malou, elle espérait sincèrement que Bébé Mauger ne pousserait pas trop vite.)

Elle s'assit donc au milieu du plancher et se mit à l'ouvrage.

Le crochet, c'est un travail difficile, quand vous n'avez encore fait que trois rangs et demi dans toute votre existence! Mais Mili-Mali-Malou travailla sans relâche jusqu'à ce qu'elle eût terminé le rang. Puis elle retourna l'ouvrage et continua. Elle fit ainsi un rang et demi.

Soudain, elle entendit un petit *clic* provenant de la poignée de la fenêtre à laquelle elle avait attaché sa ligne. Elle se leva d'un bond et alla regarder dehors pour voir si quelqu'un y avait touché. Mais personne ne se montra, bien qu'elle appelât à plusieurs reprises.

Et voilà qu'elle crut voir quelque chose au fond de son petit panier jaune. En toute hâte, Mili-Mali-Malou le remonta, et savez-vous ce qu'il contenait ? Un plein cornet de ce délicieux sucre candi dont on enrobe les fruits confits ! Maman avait pensé que Mili-Mali-Malou avait descendu le panier pour s'amuser, et elle y avait déposé cette surprise.

« Comme c'est gentil ! » se dit Mili-Mali-Malou.

Elle redescendit le petit panier jaune, en espérant qu'on y mettrait autre chose, puis elle retourna à son crochet. Et elle travailla, travailla sans lever la tête, jusqu'à ce qu'elle eût fait quatre rangs supplémentaires et mangé tout le contenu du cornet de sucre.

A ce moment-là, elle entendit Maman qui appelait dehors :

« Mili-Mali-Malou ! »

Elle se releva d'un bond et passa la tête par la fenêtre. Maman était sortie dans le jardin.

« Que fais-tu là-haut, ma chérie ? cria-t-elle. Tu devrais être dehors, avec un temps pareil ! »

Alors, Mili-Mali-Malou put dire à Maman ce qui lui était arrivé. Immédiatement, Maman rentra dans la maison et monta l'escalier quatre à quatre.

Mais elle ne parvint pas à ouvrir la porte, malgré tous ses efforts. Et Tantine non plus !

Alors Maman envoya un baiser à Mili-Mali-Malou à travers la porte, et elle lui dit d'attendre que Papa fût rentré à la maison. Il la délivrerait. Mili-Mali-Malou rendit de la même manière le baiser à sa mère, puis elle retourna à son ouvrage.

Bientôt, la poignée de la fenêtre cliqueta de nouveau, et Mili-Mali-Malou regarda dehors juste à temps pour voir Maman disparaître à l'angle de la maison. Et elle aperçut une grosse pomme rouge au

fond du panier! Mili-Mali-Malou le remonta bien vite, puis elle se remit au travail, en s'interrompant de temps à autre pour mordre à belles dents dans la pomme.

Et elle travailla, travailla sans relâche.

Papa revint peu avant l'heure du déjeuner, et Maman le conduisit aussitôt devant la porte de Mili-Mali-Malou. Pendant un moment, ils s'escrimèrent sur la serrure, la secouant, la tournant et frappant.

Mili-Mali-Malou continuait à travailler.

Puis Papa cria à travers la porte :

« Attention! Je vais être obligé de faire sauter la serrure. Ne t'inquiète pas si cela fait du bruit!

— Non, Papa!» répondit Mili-Mali-Malou.

Elle déposa enfin son crochet et

attendit, très intéressée par ce qui allait se passer.

Alors Papa brandit un gros marteau, il donna quelques coups terribles sur la serrure (Bang! Bang!) puis la porte s'ouvrit à toute volée, et Papa et Maman se précipitèrent à l'intérieur. (Ils durent baisser la tête parce que le plafond de la chambrette était très bas et en pente.)

Mili-Mali-Malou fut absolument ravie de les voir. Elle leur tendit son ouvrage en disant :

« Regardez! J'ai fait neuf rangs, sans laisser tomber une seule maille! Ne crois-tu pas que cela suffit, Maman? Tu vas me montrer maintenant comment faire les diminutions.

— C'est très bien, dit Maman. Je regarderai ton travail tout à l'heure, après le déjeuner, mais

pour l'instant tu ferais mieux de descendre. »

Mili-Mali-Malou descendit donc avec eux. Tout le monde se mit à table, et pendant tout le déjeuner on parla des serrures qu'il faudrait remplacer.

Puis Maman examina le tricot de Mili-Mali-Malou. Il ne demandait plus qu'un peu de travail (dont Mili-Mali-Malou fit la plus grande partie, et Maman le reste) et bientôt le bonnet fut terminé. Mili-Mali-Malou l'enveloppa dans du papier de soie et le porta immédiatement chez les Mauger.

Mme Mauger et la petite-amie-Suzanne l'admirèrent beaucoup. Puis Mme Mauger le plaça sur la tête de Bébé Mauger et noua le ruban sous son délicat petit menton.

Le bonnet allait parfaitement bien !

Mais il s'agissait là d'une chance, et voici pourquoi : si Mili-Mali-Malou n'avait pas été prisonnière dans sa chambre, elle n'aurait sûrement pas travaillé avec autant d'application. Le bonnet n'aurait peut-être été terminé qu'après plusieurs jours, ou même plusieurs semaines. Pendant ce temps-là, le bébé aurait grossi et le bonnet aurait alors été trop petit. Le hasard avait bien fait les choses!

Et il était mignon comme tout, le bébé, avec ce bonnet!

Chapitre 6

Mili-Mali-Malou reçoit ses amis

Un beau jour, Mili-Mali-Malou entendit le facteur frapper à la porte, et quand elle alla regarder dans la boîte aux lettres, elle y trouva une lettre pour Mlle Mili-Mali-Malou en personne!

L'écriture ressemblait un peu à la sienne, et Mili-Mali-Malou ne put deviner de qui elle était. Elle courut retrouver Maman qui repassait dans la cuisine, et, devant elle, décacheta l'enveloppe.

Quand elle retira la lettre, deux petites filles en papier s'en échappèrent et voletèrent jusqu'au sol. Mili-Mali-Malou s'écria joyeusement :

« Ah! je sais! C'est de Milie-la-voisine! »

Maman se souvint alors de ce que lui avait raconté Mili-Mali-Malou, après son séjour chez Mme Ricard, la vieille amie de Maman qui habitait la ville voisine[1]. Une petite fille qui habitait à côté, Milie-la-voisine, était venue jouer avec elle, et elles avaient peint des poupées de papier découpées dans un journal de modes.

« Regarde donc ce qu'elle t'écrit! » lui dit Maman.

---

1. Voir « L'histoire d'une toute petite fille » dans la même collection.

Mili-Mali-Malou ramassa les deux poupées de papier, les déposa sur la planche à repasser, puis elle déplia la lettre. Et voici ce qu'elle lut :

Chère Mili-Mali-Malou,

Je t'envoie quelques poupées de papier. J'espère qu'elles te plairont. Je viendrai te voir un de ces jours. Papa a dit qu'il m'emmènerait quand il viendrait acheter des poulets à ton oncle. J'espère que tu m'écriras. Je t'embrasse bien fort.

MILIE.

C'est Mili-Mali-Malou qui fut contente!

Maman lui dit alors :

« Tu vas écrire à Milie-la-voisine, et tu lui diras de demander à son père de l'amener pour goûter avec toi. »

Mili-Mali-Malou écrivit donc à

Milie-la-voisine, sur son beau papier à lettres de fantaisie, et elle alla porter elle-même la lettre à la poste.

Le samedi suivant, Tonton annonça que M. Lebrun viendrait dans l'après-midi pour lui acheter quelques poulets. (M. Lebrun était le papa de Milie-la-voisine.) Alors, quand Maman prépara des gâteaux, comme tous les samedis, elle fit un petit cake aux cerises exprès pour Mili-Mali-Malou et Milie-la-voisine.

Puis Maman envoya Mili-Mali-Malou à la boulangerie, et Mili-Mali-Malou dit fièrement à Mme Hubin :

« Donnez-moi des croissants, s'il vous plaît. J'ai une petite amie qui vient goûter avec moi. »

Un peu plus tard, quand la petite-amie-Suzanne apparut devant la jolie maison blanche au toit de

chaume pour voir si Mili-Mali-Malou pouvait venir jouer avec elle, Maman demanda à Mili-Mali-Malou si elle ne voulait pas inviter Suzanne pour qu'elle fît la connaissance de Milie-la-voisine.

Alors Mili-Mali-Malou sortit en courant de la maison, et dit à la petite-amie-Suzanne :

« Maman demande si tu veux venir goûter avec moi cet après-midi. Milie-la-voisine sera là ! »

La petite-amie-Suzanne fila comme une flèche jusque chez elle pour demander l'autorisation à sa maman. Puis elle revint tout aussi vite et dit à Mili-Mali-Malou :

« Maman accepte et vous remercie beaucoup. Comme je suis contente ! »

Cet après-midi-là, Mili-Mali-Malou fut très affairée. Elle fit le ménage dans sa petite chambre à coucher, elle brossa Toby le chien et Miny le chat aussi longtemps qu'ils le lui permirent, elle aida à disposer sur la table les tasses, les soucoupes et les cuillers, puis elle alla chercher dans la réserve un pot de confitures de fraises et un pot de miel. Enfin, elle mit des chrysanthèmes dans un vase, au milieu de la table.

Puis la petite-amie-Suzanne arriva (dans sa belle robe du

dimanche) et elle aida Mili-Mali-Malou à habiller ses poupées.

Bientôt, elles entendirent des voix dehors, et quand elles regardèrent par la fenêtre elles aperçurent Tonton qui parlait avec M. Lebrun et Milie-la-voisine. Maman et Mili-Mali-Malou passèrent sur le seuil et firent entrer Milie-la-voisine, tandis que Tonton et M. Lebrun se dirigeaient vers la basse-cour.

Mili-Mali-Malou était très fière de posséder maintenant sa chambre à elle et de la faire visiter à ses amies. Milie-la-voisine la trouva très jolie, et elle admira beaucoup le napperon aux rouges-gorges, sur la petite commode verte.

Quand elles redescendirent, Maman avait allumé la lampe, Tantine avait tiré les rideaux, et Bonne-Maman commençait à réchauffer les croissants. Mili-Mali-Malou, la petite-amie-Suzanne et Milie-la-voisine demandèrent à Bonne-Maman la permission de faire du pain grillé.

Elles s'installèrent alors en demi-cercle devant le feu qui ronflait, pour faire rôtir des tranches de pain au bout d'une fourchette. La petite-amie-Suzanne et Milie-la-voisine cessèrent d'être intimidées l'une par l'autre, et l'on se mit à parler de l'école, de poupées en papier et de toutes sortes d'autres choses. Quand les tartines étaient grillées, Bonne-Maman les beurrait et les déposait dans un plat.

Tout à coup on entendit frapper à la porte de la cuisine, et quand Maman eut ouvert, elle aperçut Boby Blin qui lui apportait une lettre de Mme Blin. (C'était une recette de gâteaux que Maman lui avait demandée.)

Après avoir remercié Boby Blin, Maman lui dit :

« Tu arrives juste à temps pour goûter avec nous !

— C'est que j'ai déjà goûté, madame ! » répondit Boby Blin.

Mais il fit un large sourire et parut enchanté quand Maman lui dit :

« Eh bien, tu recommenceras ! Entre donc ! »

Il entra, et Mili-Mali-Malou lui remit sa fourchette pour griller les tartines, tandis qu'elle allait aider Bonne-Maman à les beurrer.

La cuisine s'emplissait maintenant d'une délicieuse odeur de tartines grillées, de cake, de gâteaux, de miel, de confitures de fraises et de chocolat.

Et lorsque Papa revint du jardin,

que Bon-Papa revint de l'étable, et que Tonton et M. Lebrun revinrent de la basse-cour, on s'apprêta à goûter.

Mili-Mali-Malou, la petite-amie-Suzanne, Milie-la-voisine et Boby Blin s'installèrent à une petite table rien que pour eux, avec le cake aux cerises que Mili-Mali-Malou découpa. Les grandes personnes prirent place à la grande table. (Toby le chien et Miny le chat préférèrent rester auprès de la petite table.)

Alors, tout le monde se mit à parler, à rire et à manger, tandis que le feu ronflait dans la cuisinière. Et bientôt, il ne resta plus une seule tartine, ni un morceau de gâteau! (Toby le chien reçut la moitié du dernier croissant, mais Miny le chat n'accepta que du cake, après qu'on en eut enlevé les cerises.)

Dès la fin du goûter, M. Lebrun et Milie-la-voisine durent partir, car, en hiver, le dernier autocar quittait le village à six heures quinze. Ils dirent au revoir à Papa, Maman, Bon-Papa, Bonne-Maman, Tonton et Tantine, puis ils invitèrent Mili-Mali-Malou à venir leur rendre visite, la prochaine fois qu'elle passerait quelques jours chez Mme Ricard.

Après quoi, ils s'en allèrent dans la nuit, en emportant au fond d'un panier deux poulets ensommeillés (qui allaient maintenant habiter dans la basse-cour de M. Lebrun).

Après leur départ, il fallut faire une grande vaisselle, et Maman et Tantine commencèrent à débarrasser la table. La petite-amie-Suzanne proposa de rester pour les aider. Boby Blin, lui, ne dit rien du tout, mais il se mit à empiler les assiettes pleines de miettes, tandis que Mili-Mali-Malou rassemblait les tasses et les cuillers.

Tout le monde se mit donc au travail, et ce fut une séance de nettoyage en règle, chacun s'efforçant de bien faire et d'aller vite. Maman faisait la vaisselle dans une grande bassine d'eau chaude : Tantine et la petite-amie-Suzanne l'essuyaient avec des torchons ; Mili-Mali-Malou et Boby Blin faisaient le

va-et-vient entre l'arrière-cuisine et la cuisine, rangeaient tasses et soucoupes dans le placard, cuillers et couteaux dans le tiroir. Quant à Toby le chien, il allait et venait avec eux, et il s'énervait de plus en plus parce qu'il croyait qu'il s'agissait là d'un nouveau genre de jeu.

Bonne-Maman s'était assise auprès du feu et elle tricotait, avec Miny le chat sur ses genoux. Si elle restait à l'écart avec le chat, dit-elle, c'était pour ne pas embarrasser tous ces braves gens qui s'affairaient avec tant d'ardeur.

En un rien de temps, tout fut terminé. Alors Maman enleva son tablier et remercia tous ceux qui l'avaient aidée. Puis Mme Mauger vint chercher sa fille pour la ramener chez elle.

Et quand Mili-Mali-Malou les eut vues s'éloigner sur le sentier (en emmenant Boby Blin), elle rentra dans la maison, s'arrêta un moment au milieu de la cuisine toute blanche, et se dit que rien n'était plus agréable au monde que de recevoir la visite de vrais amis.

Table

1. Mili-Mali-Malou va au concert 3
2. Mili-Mali-Malou se fait photographier 17
3. Mili-Mali-Malou va au cinéma..... 33
4. Mili-Mali-Malou fait un piquenique.......................... 47
5. Mili-Mali-Malou est enfermée dans sa chambre 61
6. Mili-Mali-Malou reçoit ses amis ... 79

Achevé d'imprimer par Ouest Impressions Oberthur
35000 RENNES - N° 11958 - Juillet 1991 - Dépôt éditeur n° 4095
20.21.8451.01.5 - ISBN 2.01.0.18238.3

Loi n° 49.956 du 16 juillet 1949 sur les publications destinées à la jeunesse
Dépôt : septembre 1991